Mühlhausen

Einst & Jetzt

Claudia Götze

Mühlhausen

Einst & Jetzt

SUTTON ZEITSPRÜNGE

Inhalt

Einleitung

Mittelalterlich, ein bisschen verträumt, ein Geheimtipp und ein Hingucker – das ist das über tausend Jahre alte Mühlhausen. Die ehemalige Freie Reichsstadt im Thüringer Becken ist seit der politischen Wende 1989/90 schöner und selbstbewusster geworden. Das mag auch an den vielen Millionen Euro liegen, die hier investiert wurden. 86 Häuser sind gleich vor dem Verfall gerettet worden. Im Juni 1990 wurde ein Abrissstopp für die Altstadt festgelegt – mit sichtbarem Erfolg. Viel Mittelalter konnte erhalten und mit Modernem aufgewertet werden. Braunkohleverfärbte Kirchenmauern und viele einsturzgefährdete Gebäude sind verschwunden, Häuserfassaden beeindrucken nun mit Farbvielfalt; Fachwerkbauten zeigen ihr wahres Gesicht. Mühlhausen ist schöner denn je. Ein Blick vom Löwen ist genauso ein Muss wie ein Bummel durch die verschiedenen Museen, über den Steinweg, die Linsenstraße, den Lindenbühl, am Untermarkt und auf dem Hohen Graben. Das Naherholungsgebiet Schwanenteich mit dem wohl schönsten Thüringer Biergarten und einem nagelneuen Freibad sowie die Popperöder Quelle locken ebenso.

Natürlich sind die Kirchen beeindruckend. Und wer einmal auf dem Rabenturm stand oder einen Spaziergang an der 700 Meter langen, teilweise begehbaren Stadtbefestigung gemacht hat, vergisst die Altstadt mit ihren mehr als 2.000 denkmalgeschützten Häusern nie wieder. Man blickt auf die Dächer einer Stadt, die alte und neuere Stadtviertel vereint. Um 1989 gab es 42.000 Einwohner; mittlerweile sind es 36.000 Menschen, die in der Kernstadt und den acht Ortsteilen leben. Dass Mühlhausen 30 Jahre nach der Wende kaum wiederzuerkennen ist, begeistert vor allem Besucher. Viele Einheimische haben manchmal schon die DDR-typische Tristesse vergessen und auch die Spuren, die die Mangelwirtschaft hinterlassen hatte.

Mühlhausen – das ist die Heimat von Thomas Müntzer, die Geburtsstadt von Johann August Röbling, Wirkungsstätte von Johann Sebastian Bach und Tilesius von Tilenau.

Mühlhausen – das ist eine ehemalige Textilstadt, eine einstige Industrie- und Garnisonsstadt. Eine Hochburg von Bäckern, Schuhmachern, Fleischern und vielen anderen Handwerkern, Elektronikern, Fahrzeug- und Gerätebauern. Hier werden die deutschlandweit einzigartige Stadtkirmes und ein ebenso einmaliges Brunnenfest gefeiert. Die besten Spielleute sind von hier, ebenso erfolgreiche Tischtennisspieler, Boxer, Schwimmer, Badmintonspieler, Handballer, Fußballer, Bogenschützen und Kegler.

Einst drehten sich 28 Mühlen entlang der Unstrut und des Popperöder Baches. Der Stadtname ist deshalb kein Zufall: Es gab einst viele Mühlenhäuser.

Lassen Sie sich nun mitnehmen auf eine Zeitreise der besonderen Art und erleben Sie den Wandel Mühlhausens in mehr als 55 Gegenüberstellungen.

Untermarkt

Der Untermarkt ist einer der größten Plätze der Stadt. Er hat sich während der DDR-Zeit und danach immer wieder verändert, vor allem seine Straßenführung: Mal führte die Trasse mitten über den Platz, mal dichter an der Divi-Blasii-Kirche entlang. Auch die Brunnen sahen alle paar Jahre anders aus: mal rechteckig, ab 1985 rund mit Bronzefiguren. Die Häuserfront ist an zwei Seiten unverändert geblieben. Nur an der Stirnseite zur Röblingstraße hat sich vor allem 1968 viel getan. Damals sind die Gebäude Wilhelm-Pieck-Platz 18 bis 22 mit der Elite-Drogerie und dem Friseurgeschäft Erich Hottop abgerissen worden. Die Tankstelle und die unterirdischen Toiletten verschwanden. Vom „Hotel Schlenker" ist nur die „Pilsner Bierstube"

übriggeblieben. Fast zwei Jahre später stand dort das Hotel „Stadt Mühlhausen". Der Siebengeschosser war das erste Millionen-Objekt der HO Mühlhausen (HO = Handelsorganisation) und das erste Haus am Platze. Reisebüro Heyser, die Fleischerei, den Blumenladen und einen Pelzladen gab es hier auch. Die Straßenbahn fuhr bis 1968 auf zwei Gleisen und in zwei Richtungen über den Platz. 30 Jahre später überlegte man, den Plattenbau abzureißen. Hier sollte eine moderne Stadtgeschäftsstelle der Sparkasse entstehen. Im Juli 1999 war die feierliche Grundsteinlegung, im Dezember 2000 die Einweihung des 23-Millionen-Mark-Projektes.

Herrenstraße

Als die Straßenbahn (1897–1968) noch durch die Herrenstraße fuhr, gab es dort auch viele Läden, bspw. das Fachgeschäft für Elektrotechnik der Einkaufs- und Liefergenossenschaft des Elektrohandwerks auf der rechten Seite. Am 1. März 1967 kam in der Hausnummer 13 Bäcker Mehler dazu. Bäckermeister Horst Mehler übernahm in der Herrenstraße das Geschäft von Kurt Hartmann, der in den Ruhestand ging. Seit mehr als 50 Jahren besteht die Bäckerei mit einem Ladengeschäft. In den Anfangsjahren gab es 26 Bäcker in Mühlhausen, heute sind es kaum mehr zehn. Mit der Geschäftsübernahme setzte die aus Diedorf stammende Familie die seit 1880 in der Herrenstraße bestehende Bäckerei-Tradition fort. Horst Mehler konnte daheim nicht in das Geschäft seines Vaters einsteigen, weil dies bereits der Bruder übernommen hatte. Also eröffnete er eins in Mühlhausen. In der Herrenstraße 12 gab es außerdem ein Kurzwarengeschäft und im Eckladen Spiegelsgasse standen beheizbare Bügeleisen im Schaufenster. In den letzten Jahren sind fast alle Häuser der Straße saniert worden. Das kleine Eckhaus Am Frauentor wurde abgerissen. Dort hatten zu DDR-Zeiten auch Studentinnen der Pädagogischen Hochschule gewohnt. Der Eckladen daneben gehörte Fleischer Edler.

24
LOCKE

Wagenstedter Knoten

Den Wagenstedter Knoten und die untere Windeberger Straße kennt in Mühlhausen jeder. Angefangen hat es mit dem Zollhäuschen an der Straßengabelung Windeberger / Wagenstedter Straße. Um 1860 wurde es als Kontrollstelle für die Straßen nach Windeberg und nach Görmar errichtet; in den 1930er-Jahren aber wieder abgebrochen. An dieser Stelle befand sich viele Jahre der einzige Bahnübergang mit Schranken. Seit der Eröffnung der Bahnlinie Gotha–Leinefelde im Jahr 1870 gab es diese „Sabotagebalken", wie der Bahnübergang im Volksmund genannt wurde. Das hatte einen Grund: Oft standen die Autoschlangen bis zur Görmar-Kaserne, zur Forstbergkaufhalle oder zur Kreuzung am Kreuzgraben. Auch am Wendewehr stauten sich die Autos zur Rosenhofkaserne oder noch weiter zurück. Im Jahr 2005 waren alle Bewohner der Häuser in der unteren Windeberger Straße ausgezogen. Vom

Abriss betroffen war auch ein Teil der nördlichen Wagensteder Straße. 2006 verschwand ein Stück Mühlhausen. Ab Oktober 2010 begannen die Arbeiten für eine Unterführung, die den Bahnübergang überflüssig werden ließ. Am 6. Dezember 2011 schlossen sich die Schranken ein letztes Mal für den Fahrzeugverkehr. Die Fußgänger mussten bis Mitte 2012 warten, bis auch ihre Unterführung fertig war. Endlich hatten die Bewohner des Forstbergviertels unbeschrankten Zugang zur Stadt. Mit der Unterführung entstand auch ein Kreisel.

Kuttelgasse

In der Kuttelgasse stehen viele frühere Gerberhäuser. Das Gerberhaus Kuttelgasse 6 ist eines der zahlreichen schmalen Gebäude, die sich einst in der Gasse aneinanderreihten. Durch Abbrucharbeiten in den 70er-Jahren des 20. Jahrhunderts entstand ein kleiner Platz vor dem Westgiebel dieses Gebäudes, der mittlerweile städtebaulich aufgewertet wurde. Der durch den Abbruch entstandene westliche Giebel war nun fachwerksichtig und somit seit mehreren Jahrzehnten Wind und Wetter ausgesetzt. Die Notsicherung Anfang der 1990er-Jahre konnte den Verfall bremsen, dennoch waren mittlerweile Teile des Gebäudes einsturzgefährdet und bedurften dringend einer weiteren Sicherung. Das aus Richtung Linsenstraße sichtbare Gerberhaus beherbergt zwei Gebäude: das höhere Gebäude – mit Wohnungen in drei Geschossen, die drei darüber liegenden Trockenböden dienten der Trocknung der Gerbware – und das Hinterhaus, in dem vermutlich in den unteren Geschossen die Handwerkerräume unter-

gebracht waren. Die Bauherren Nobitz, Formann und Danz führten in den Jahren 2014 bis 2016 die Sanierung der seit Jahrzehnten leerstehenden Gerberhäuser auf diesem Grundstück aus. Trotz enormer Baumasse sind hier vier kleine Wohnungen entstanden, zum Teil über zwei Etagen. Ein Ausbau der Trockenböden konnte trotz herrlicher Fernsichten aus diesen Geschossen aus Brandschutzgründen nicht verwirklicht werden. Größter gestalterischer Eingriff war die Gestaltung der Westfassade. Hier entschieden sich die Bauherren für eine moderne Fassade mit großformatiger Plattenverkleidung und anscheinend zufällig angeordneten Fensteröffnungen. Die beiden historisch sichtbaren Fassaden zur Kuttelgasse und Zum Damme dagegen wurden im Bestand erneuert. Es entstanden moderne, helle und individuelle Wohnungen mit eigenem Charme, die alle über große, bis zum Boden reichende Fenster verfügen und so wunderbare Ausblicke auf die Innenstadt zulassen. Die Wohnungen Zum Damme hin haben auf der Südseite moderne, an die Fassade angehängte Stahlbalkone. Eine Holz-/Glasfassade zwischen Vorder- und Hinterhaus schafft die Verbindung zwischen beiden Gebäudeteilen. In diesem Zwickel ist die neue Treppenanlage als Stahltreppe mit aufgesetzten Eichenstufen untergebracht.

Eisenacher Straße

Erst Zigarren, dann Röhren, später Akten. Die Gebäude in der Eisenacher Straße 40 blicken auf eine interessante Geschichte zurück. In einer ehemaligen Zigarrenfabrik hatte 1952 die Produktion von Rundfunkempfänger-Röhren begonnen. 279 Beschäftigte produzierten damals innerhalb kurzer Zeit 200.000 Röhren, mit denen so mancher Rundfunkempfänger wieder in Schwung gebracht werden konnte. In der Eisenacher Straße wurden viele Jahre Röhren für den Export, Halbleiterdioden (ab 1971) und Schutzrohrkontakte (ab 1967), Kanalwähler für Fernsehgeräte (1972–1979), Fotoblitzgeräte (1956–1959) sowie ab 1972 auch der erste Taschenrechner der DDR gebaut. 34 Jahre später zogen hier und nebenan im ehemaligen Röhrenwerk-Sozialgebäude in der Eisenacher Straße 41 das Landgericht und die Staatsanwaltschaft Mühlhausen sein. In einer einzigartigen Bewegung hatten im Jahre 2004 der Mühlhäuser Anwaltsverein, die Mitarbeiterinnen und Mitarbeiter der beiden betroffenen

Behörden, Stadt und Landkreis sowie viele andere Einzelpersonen und Verbände gegen die Schließungspläne demonstriert. In einem intensiv geführten Dialog erzielte man schließlich eine einvernehmliche Lösung: Die Landesregierung sparte die hohen Kosten für einen längst projektierten Neubau und der Standort blieb erhalten. Im April 2006 konnte sich das Landgericht in modernisierten und zum Teil neu errichteten Räumen der früheren Kreisverwaltung und des vormaligen Röhrenwerkes in der Brunnenstraße/Eisenacher Straße präsentieren. Vormals waren Landgericht und Staatsanwaltschaft am Schillerweg und in der Brunnenstraße untergebracht.

Steinweg Nr. 33

Am Steinweg 33 wurde 1902 ein bekanntes Bürgerhaus im Jugendstil gebaut. Als „Koffer-Beyreiß“ ging es in die Stadtgeschichte ein. Täschner- und Sattlermeister Karl Wilhelm Beyreiß (1889–1959) hatte es 1930 gekauft und war mit seinem Lederwarengeschäft aus der Röblingstraße hierhergezogen. Im hohen Verkaufsraum mit den markanten Schaufenstern gab es vor allem Koffer und Ranzen, die in den Regalen quer und hochkant gestapelt waren, natürlich auch Aktentaschen und Beutel, Handtaschen und kleine Etuis. Die lagen bis zuletzt gut sichtbar unter der Glasscheibe des Verkaufstisches und wurden auf Wunsch hervorgeholt. Zum Laden gehörte von Anfang an eine Werkstatt. Dort wurden die Koffer und Ranzen gefertigt und natürlich Reparaturen ausgeführt. Täschnermeister Karl Heinz Müller hat 60 Jahre in der Werkstatt gearbeitet, die Ende der 1940er-Jahre von der Breitenstraße ins Haus am Steinweg umzog. Bis 2005 war Meister Müller bei Beyreiß und gehörte quasi zur Familie. „Koffer-Beyreiß“ ist als einer der wenigen Händler immer in Privatbesitz geblieben. Enkelin Gudrun Bastubbe hat im Laden ihrer Eltern gelernt. 1997 übernahm sie das Einzelhandelsgeschäft und natürlich auch das Stammpublikum. Zwei Mal wurde der Laden nach der Wende modernisiert. Mittlerweile konnte man auch von draußen durchs Schaufenster ins Ladeninnere schauen – früher undenkbar. Die Schaufenster waren immer eine eigene Welt und wurden stets aufwändig gestaltet. An die Wende und die 1990er-Jahre insgesamt erinnert sich Gudrun Bastubbe gut. Da gab es plötzlich einen dritten Taschenladen auf dem Steinweg. Der hielt zehn Jahre durch und verschwand dann wieder. Ende 2017 musste Gudrun Badstubbe (auf dem Foto links) den Laden ihres Großvaters, den sie selbst 20 Jahre geführt hatte, schließen. Damit verschwand ein Traditionsgeschäft am Steinweg. Seit 2018 gibt es mit „Zella Strick“ einen Nachmieter für das Eckgeschäft.

KOFFER-BEYREISS
Lederwaren
Beyreiß
Lederwaren
Beyreiß

Oberer Steinweg

Der 1315 erstmals erwähnte Steinweg ist schon immer die Hauptader der Stadt und seit Jahrhunderten eine Geschäftsstraße gewesen. Da hier viele reiche Familien wohnten, ist er gepflastert – daraus resultiert sein Name. Erst seit 1888 gilt der Name durchgehend von der Görmarstraße bis zum Obermarkt / Bei der Marienkirche. Zuvor war er unterteilt in Krautmarkt (von der Grasegasse bis zum Obermarkt), Untersteinweg (Stätte bis Hauptmannstraße) und Sperlingsberg (Straßensüdseite zwischen Allerheiligenkirche und Hanfsack) sowie

Pfuhlbrückengasse (zwischen Hanfsack und damaliger Görmargasse). Da ab 1888 die gesamte Stadt postalisch neu geordnet wurde, fiel die Durchnummerierung der einzelnen Stadtviertel weg und die neue Nummerierung folgte nun den Straßen. Zwischen 1934 und 1945 trug der Steinweg den Namen Hindenburgstraße. Zu DDR-Zeiten wurde er zur Fußgängerzone. Mittlerweile ist vor allem der obere Steinweg sehr beliebt. Hier reiht sich ein Textilgeschäft ans andere, es gibt ein Café, Drogerien und ein Kaufhaus. Außerdem findet hier auch der beliebte Wochenmarkt statt. Kino und Staatliche Versicherung sind verschwunden, auch die bekanntesten Gasthäuser am oberen Steinweg: der „Postkeller" und das „Thuringia". Die letzte Straßenbahn der Oberstadtlinie fuhr am 5. Juli 1968 über den Steinweg.

Ecke Steinweg / Stätte

Das Eckgebäude Steinweg / Stätte kennen viele Mühlhäuser als HO-Kinderkaufhaus. Hier gab es zu DDR-Zeiten die begehrten Kindersachen auf zwei Etagen: Textilien in der oberen Etage, unten Spielzeug. Das Geschäftshaus hat eine wechselvolle Geschichte. Vor 1933 war es ein jüdisches Kaufhaus, während der Nazizeit hieß es Kaufhaus Schmidt. Ab den 1950er-Jahren bis 1986 wurde es von der HO (Handelsorganisation) zunächst als Industriekaufhaus mit Haushaltswaren geführt, ab 1969 wurde daraus das „Kinderkaufhaus". In der Wendezeit mietete sich eine Modekette hier ein. Als diese ihren Verkauf einstellte, kam eine neue Pächterin mit Kindersachen. Im Gegensatz zu früher ist der Verkaufsraum nur im Erdgeschoss – für die Verkäuferinnen immer wieder eine Herausforderung. Bis 1979 gab es an dieser Stelle normalen Straßenbahn- und Autoverkehr. Danach wurde der Steinweg zur Fußgängerzone erklärt und war eigentlich nur für den Lieferverkehr frei.

PASCALE
THE WORLD OF FASHION
THE WORLD OF FASHION
THE WORLD OF FASHION

Ernsting's family

Stätte

Das Schuhgeschäft Eisenhardt war viele Jahre an der Stätte / Ecke Steinweg zu finden. Obwohl es in Mühlhausen nie an Schuhläden mangelte, hielt sich das traditionelle Geschäft vor allem durch Stammkunden. Bis zur Wende existierte hier ein sogenannter Exquisit-Laden für Schuhe. Damals war die Stätte noch für den Autoverkehr freigegeben. Als der Steinweg 1979 zur Fußgängerzone wurde, wurde die Stätte zur Sackgasse. Direkt vor dem Laden stand ein zur Imbissbude umgebauter Campingwagen. Hier konnte man Hotdogs, Bockwurst und Brause kaufen. Nebenan war das „CC", das Central-Café mit Kino und Tanzbar, schräg genüber der Uhrmacher Wetter. Dort konnte man die Zeit über der Ladeneingangstür ablesen. Der langgezogene Schuhladen ist vielen noch gut in Erinnerung – nach der Geschäftsaufgabe war allerdings Schluss mit Schuhen. Dafür zogen Textilien ein.

Stadtcafé am Steinweg

Das Gebäude des Stadtcafés kennt eigentlich jeder Mühlhäuser. Viele Einheimische und Besucher der Stadt waren hier über Jahrzehnte Stammgäste. Die Inhaberin, Fräulein Grabe, sorgte für eine sehr familiäre Atmosphäre. Auf schönen Plüschsofas ließen sich vor allem ältere Damen – auch mit Hüten – zum Kaffeeplausch nieder. Ein Besuch zum Kränzchen, während des Einkaufsbummels, vor und nach der Arbeit oder am Wochenende war viele Jahre ein Muss. Dass es nach der Wende nicht mit einem Betreiber geklappt hat, bedauern bis heute viele. Einige Jahre standen die Geschäftsräume leer, dann eröffnete hier der Drogeriemarkt „Ihr Platz". Nach dessen Rückzug vom Markt zog die dm-Drogerie ein. Vermisst werden die Torten und Kuchen, das besondere Kaffeehaus-Ambiente mit DDR-Charme. Im

Stadtcafé gab es kleine Räume, runde und eckige Tische, Stühle mit runder Rückenlehne, Kuchen und Torten im Straßenverkauf. Eisbecher aus Metall, gemusterte Tapete und schwere Vorhänge blieben gut in Erinnerung. Kaffeehausmusik, Windbeutel, Schwedenschnitte und Herrengedeck sind ebenso unvergessen. Der Haupteingang war wie auch jetzt vorn; über den Seiteneingang erreichte man das Kuchenbuffet für den Straßenverkauf.

Unterer Steinweg

Der untere Steinweg hatte schon immer viele Geschäfte. Hier gab es Schuh-, Foto-, Elektro- und Computerläden sowie Versicherungen und Krankenkassen. Das Spezialgeschäft für DDR-Produkte hält sich hier seit vielen Jahren, ebenso das Lädchen am Laubengang.

Es gab ein Geschäft für Lederwaren, auch Schmackadellen (= alles, was schmeckt) konnte man hier erstehen. Im Gegensatz zum Steinweg ist der untere Bereich eine Durchfahrtstraße und die Parkplätze hier sind sehr begehrt. Ab hier beginnt auch die Fußgängerzone Steinweg, die seit dem Jahr 2000 durch eine Polleranlage vor unberechtigtem Autoverkehr geschützt wird. Touristen und Einheimische können den Parkplatz im Hanfsack nutzen, der vom unteren Steinweg schnell erreicht werden kann. Hier gibt es mittlerweile auch Stellplätze für Wohnmobile.

Paketpost am Steinweg

Zwischen Schließung der Hauptpost am oberen Steinweg im Jahre 1992 und der Eröffnung von Drogerie Müller im Jahre 2001 ist einige Zeit vergangen. Bevor die Drogeriefiliale eröffnet werden konnte, wurden die Gebäude Steinweg 92 und 93 abgerissen, den Mühlhäu-

sern als „Paketpost“ bekannt. An dieser Stelle entstand ein kompletter Neubau. Die in den 1990er-Jahren durchgeführte Postreform teilte die Deutsche Post in drei Tochterunternehmen. Die Telekom für den Fernmeldebereich, die DHL für den Zustellbereich und die Postbank. Um wirtschaftlich arbeiten zu können, sind alle drei Tochterunternehmen eigenständige Unternehmen geworden. Ihre seitdem getrennten Standorte in Mühlhausen lagen ab da gut über das Stadtgebiet verteilt. Die Post und auch die Paketausgabe zogen an den Untermarkt 31, wo auch Schalterdienste angeboten wurden. Die Anlieferung erfolgte über einen Hintereingang aus Richtung Brückenstraße. Ganze fünf Jahre blieb die Post am Untermarkt. Mit der Eröffnung der Burggalerie zog sie erneut um und ist bis heute dort. Statt des in den 1990er-Jahren geplanten Kaufhauses entstanden hier 2001 die Müller-Filiale und das Backhaus.

Langensalzaer Straße

Mit dem vierspurigen Ausbau der F 247 (heute B 247) wurde 1988 begonnen. Aus der zweispurigen Langensalzaer Straße wurde eine vierspurige Trasse, die bis heute Bestand hat. Bis zur Fertigstellung einer Umfahrung von Mühlhausen wird sie weiterhin die wichtigste Verkehrsader bleiben. Ende der 1980er-Jahre hat sie vor allem das Antlitz der Martini-Vorstadt verändert. Wären da heute nicht die Martini-Kirche und die Martini-Schule, bekäme man Orientierungsprobleme. Denn die Reihenhäuser an beiden Straßenseiten verschwanden komplett. Das waren nicht nur Wohnungen, sondern auch zahlreiche Geschäfte wie Bäckerei Baumbach, Drogerie Käppler, die Martini-Schenke und die Gärtnerei

der Gärtnerischen Produktionsgenossenschaft (GPG) „Edelweiß“, die natürlich auch einen Blumenladen hatte. An Stelle der zum Teil unbewohnbaren Reihenhäuser wurden bis 1992 zahlreiche Wohnblöcke in Plattenbauweise errichtet. Das Viertel erhielt den Namen „Ballongasse“ und erinnert an ein Gässchen, das von der Langensalzaer Straße seitwärts in Richtung August-Bebel-Straße führte. Die andere Seite der nunmehrigen Bundesstraße ist nie wieder bebaut worden. Ein schöner Park hinter der Martini-Schule in Richtung Eisenacher Straße ist von außen sichtbar geworden. Die Langensalzaer Straße heißt seit 1876 so; sie entstand aus einem 1381 erstmals erwähnten Weg. Dieser „wichtige Weg in Richtung Erfurt“ wurde 1790 zu einer Chaussee mit Steinen von drei am Lindenbühl und am Kiliansgraben abgebrochenen Stadtmauertürmen ausgebaut.

Brückenstraße I

Schulzeit, Arbeitsplatz, Kirmes, Wohnen: Zur Brückenstraße haben die meisten Mühlhäuser eine Beziehung. Die Straße, an der es schon immer viele Geschäfte gab, hieß früher Viehstraße. Ihren jetzigen Namen verdankt sie dem Brückenkloster, das bis 1904 fast komplett abgerissen wurde. Auf der Querverbindung zwischen Steinweg und Untermarkt fanden sich Wäschegeschäfte, Friseur, Bäcker, später auch Kneipen und Versicherungsbüros. Den Brunnen am Entenbühl schuf 1937 der Mühlhäuser Bildhauer Walter Krause (1891–1937), das Sparkassengebäude entstand bereits 1935/36. Zu DDR-Zeiten zerfielen die Bürgerhäuser in der Straße, wie so viele in Mühlhausen. Nach der politischen Wende 1989 sicherte und sanierte man zahlreiche der maroden Gebäude, u.a. auch die Häuser am Ende der Jüdenstraße /

Magdalenenweg. Die Brückenstraße 32/33 hat sich nach 1990 auffällig verändert. Die einstige Druckerei von Christian Gerlach, der hier in den 1920er-Jahren produzierte, befand sich im ersten Seitengebäude. Ein privater Investor sanierte das Eckhaus aufwändig; die anderen drei Häuser mussten komplett abgerissen und neu gebaut werden. 1995 konnten die ersten Mieter einziehen. Die jüngste Tochter des einstigen Hausbesitzers Gerlach konnte 1996 sogar wieder in ihr Elternhaus einziehen. Auch im Hinterhaus am späteren Magdalenenweg entstanden in den 1990er-Jahren Eigentumswohnungen.Die beiden oberen von insgesamt sechs Wohnungen befanden sich auf zwei Etagen – ein damals völlig neuer Trend. Die Geschäftsräume im Erdgeschoss blieben viele Jahre leer. Erst 2007 öffnete hier eine Zahnarztpraxis.

Brückenstraße II

Die vielbefahrene Brückenstraße hat eine Häuserfront mit gut einsehbarer Hinterseite. Dort, wo einst die Gebäude des VEB Kinderfahrzeuge standen, ist jetzt viel Platz für parkende Autos und Hinterhöfe. Nach 2003 wurde die Hausnummer 15 abgerissen, um eine Zufahrt zum jetzigen Parkplatz Entenbühl zu schaffen. Die Nummer 16 mit der „Blechbüchse" und die Nummer 14 flankieren die Zufahrt. In den letzten zehn Jahren sind die Häuser aus Richtung Entenbühl, darunter auch einige Verwaltungsgebäude des VEB Kinderfahrzeuge, saniert und modernisiert worden. Mittlerweile haben fast alle Wohnungen Balkon mit Blick aufs Gerberviertel, Untermarkt, Entenbühl und die Marienkirche.

Brückenstraße III

Die Brückenstraße gibt es seit 800 Jahren. Sie wurde 1898 durch einen Teil der Viehstraße verlängert. Ihren Namen verdankt sie einem Kloster, dessen Turm und Kirche stark baufällig waren und im Jahre 1884 abgerissen wurden. Der Umstand, dass sich das Kloster auf einer Brücke befand, gab der Straße ihren Namen. Die frühere Berufsschule „Walter Schunk“ in der Nachbarschaft wurde nach der Wende zur Röblingschule. Das Gebäude an der Meißnersgasse war zunächst Mädchenschule, dann Polytechnische Oberschule, Grundschule und ist seit einigen Jahren Volkshochschule. Das alte Klostergebäude an der Straße wie auch die ehemalige Berufsschule gehören inzwischen einem privaten Investor. In der verlängerten Brückenstraße wurde nach 2003 das Haus Nummer 15 weggerissen, um Platz

für eine Parkplatzeinfahrt zu machen. Fast alle Häuser sind mittlerweile saniert und zu Wohn- und Geschäftshäusern umgebaut. Die Hausnummer 16 ist als „Blechbüchse" bekannt geworden. Der Parkplatz Entenbühl hat sich zu einem wichtigen Anlaufpunkt in der Innenstadt entwickelt; die Stadt will ihn gern selbst weiter umgestalten. Auch für die Bäckerei Hartmann im Haus Nr. 13 hat sich ein Nachfolger gefunden. Bäcker Hardegen aus Lengenfeld unterm Stein hat hier eine Filiale mit kleinem Café eröffnet.

Linsenstraße I

Die Linsenstraße ist eine der schönsten Straßen der Stadt. Tagsüber war sie früher nie leer. Als die Leute noch zu Fuß zum Einkaufen gingen und es kein Internet gab, war die Linsenstraße oft genauso voll wie der Steinweg. Viele Geschäfte lockten die Menschen auf dem Heimweg von der Arbeit an, „Café Schnellhardt" beispielsweise, der Schuhladen oder Uhrmacher Langenickel. In Richtung Untermarkt sieht man den schiefen Turm der Divi-Blasii-Kirche. Ein Großteil der Häuser befand sich in den 1980er-Jahren ebenfalls in sehr desolatem Zustand. Danach gab es viel Leerstand. Erst seit der Jahrtausendwende gibt es wieder emsigen Handel

und Geschäfte mit viel Charme und Kundenservice. Geschäftsfrau Kordula Licht hat hier drei Läden gemietet, die Wohlfühlatmosphäre auf die Straße geholt und die schmale Geschäftsstraße belebt. Mit Tischen, Stühlen und Grünpflanzen vor den Schaufenstern ist die Linsenstraße zu einer attraktiven Einkaufsstraße geworden. Mehrmals im Jahr laden Modenschauen und Musikabende in die gemütliche Gasse ein. In der Mittagspause oder nach Feierabend ist hier Platz für einen Kaffeeklatsch oder ein kurzes Meeting. Neben Bekleidung für Männer und Frauen gibt es im oberen Teil Immobilien, Teeprodukte, Lederwaren und süße Leckereien.

Linsenstraße II

In der Linsenstraße wimmelt es von kleinen Läden, die seit 1989 wieder mehr geworden sind. Das Eckhaus zur Kuttelgasse steht direkt am Bachlauf und ist zum Wohnen und für Gastronomie besonders gut geeignet. Nach der Sanierung hatte es dort viele Jahre Wein und Spirituosen gegeben; seit zwei Jahren lädt ein französisches Bistro zum Verweilen ein. Man kann es sich im Laden und auch im Außenbereich gemütlich machen. Wenn es das Wetter zulässt, stehen Tische und Stühle draußen. Das Ambiente des einstigen Gerberviertels stimmt. Regelmäßig finden Wein- und Musikabende statt. Beim alljährlichen Pflaumenblütenfest steht hier ein Spezialitätenmarkt.

Linsenstraße Nr. 25

In der Wendezeit ist die Linsenstraße zu neuem Leben erwacht. Im Haus Nummer 25 (hellgrünes Gebäude mit weißen Kugellampen) gab es zunächst einen Wäscheladen mit einem Sortiment, das bis dahin in dieser Breite nicht zu bekommen war. Slips, Bettwäsche, Dessous waren vor allem preisgünstig und oft nicht allein in der Packung. Lange hielt sich das Wäschegeschäft nicht. Später kaufte Bäckermeister Menzel das Haus und eröffnete sein erstes Café in der Innenstadt. Bis heute kann man hier gemütlich Kaffee trinken und die Köstlichkeiten aus der hauseigenen Backstube probieren – natürlich gibt es Torten, aber auch Brötchen, Brot, die beliebten Pfannkuchen und Streuselplätzchen. Vom Kornmarkt kommend, lädt die Linsenstraße zu einem Einkaufsbummel bis zum Untermarkt oder Steinweg ein. Mit drei Cafés ist sie auch gastronomisch gut aufgestellt. Neben dem „Café Menzel" gibt es einen syrischen Laden und einen im französischen Stil. Weitere Einkehrmöglichkeiten existieren in der Neuen Straße und im Brauhaus „Zum Löwen" am Kornmarkt.

Ratsstraße

Mindestens 452 Straßen hat Mühlhausen. Eine mit hohem Bekanntheitsgrad ist die Ratsstraße, die direkt zum historischen Rathaus führt, das wiederum genau auf der Mitte zwischen Ober- und Unterstadt erbaut wurde. Ein Ratskeller gehört natürlich ebenfalls zu einer mittelalterlichen Stadt. Die Ratsstraße ist vollgepackt mit historisch wertvollen Fachwerkgebäuden. Ein Teil davon wird von der Stadtverwaltung genutzt, andere Gebäude sind in privater Hand. In der oberen Ratsstraße gibt es sowohl liebevoll sanierte Häuschen mit Ferienwohnungen und tollen Blicken vom Dach als auch noch einige Häuser, die bisher nur gesichert wurden. Das Haus an der Ecke zur Wahlstraße zeigt, wie der Zustand in der Wendezeit war und was nunmehr 30 Jahre später daraus geworden ist. Die leicht abschüssige Straße mit historischem Pflaster ist nicht nur wegen des von Weitem sichtbaren Rathausdurchganges ein Hingucker. Neben der Touristinformation mit Ticket- und Souvenirangeboten gibt es hier ein gemütliches Bio-Café mit kleinem Garten, einen Ratskeller mit Biergarten auf dem Rathaushof und komplett sanierte Miets- sowie Geschäftshäuser.

Güldene Ecke

Die Güldene Ecke in Mühlhausen hat nur sechs Häuser, die sich in den letzten Jahren auffallend verändert haben. Das Fachwerkgebäude Güldene Ecke 4 des Erfurter Bauherren Sven Bodewald hat dabei einen besonderen Wandel vollzogen: vom einsturzgefährdeten Denkmal aus dem frühen 16. Jahrhundert zum beispielhaft sanierten und preisgekrönten Fachwerkensemble mit drei modernen Stadthäusern. Zu DDR-Zeiten war im Hinterhof das Wohnungsbaukombinat mit der Abteilung Elektrobau beheimatet; gleich mehrere Familien wohnten im Vorderhaus und in dem Gebäude im Hof. Betriebsleiter Rolf Köhler wohnte viele Jahre nebenan in der Güldenen Ecke 2. Das Haus gehört mittlerweile Familie Schiefer, das

Haus Nummer 3 schon Jahrzehnte der Familie Wittig/Quenkert. Die Güldene Ecke 4 ist ab 2005 freigelegt worden und hat seit Fertigstellung im Jahr 2007 vier Auszeichnungen bekommen: den Bauherrenpreis der Stadt Mühlhausen (2007), den Bundespreis für Handwerk in der Denkmalpflege in Thüringen (2007), den Sonderpreis der Fachwerktriennale (2009) und die Besondere Anerkennung im Wettbewerb Deutscher Bauherrenpreis Modernisierung. Insgesamt sechs Wohnungen sind in den ehemaligen Räumen der Elektrogerätebau Mühlhausen entstanden. Mit sparsamem Abriss und teilweisem Neubau hinter der Stadtmauer hat das Architekturbüro „Die Bauhütte" ein wertvolles Kulturerbe gerettet.

Güldene Ecke Nr. 6

Die Güldene Ecke Nr. 6 ist durch ihre Kneipe bekannt geworden. Hier gab es Bier und Zigaretten. Den Straßenverkauf erreichte man durch den langen Flur; hinten links mussten die Jungen hin, wenn sie von zu Hause losgeschickt wurden, um Bier oder Brause zu

holen. Die Wirtsleute hatten in den 1960er-Jahren sogar Schweine im Hinterhof – regelmäßig gab es Schlachtfeste. Skat, Rostbrätl, Hackepeter und natürlich Bier vom Fass – wenn Seipels Kneipe am Bastmarkt schloss, ging es weiter in die Güldene Ecke 6 auf einen „Absacker". Viele Jahre war es die Stammkneipe vom Spielmannszug „Lok". Für den langjährigen Stabführer Günter Würfel war der Heimweg am kürzesten. Nach der Wende ist das Haus saniert und als Geschäfts- und Wohnhaus genutzt worden. Neben einer Steuerkanzlei waren hier auch schon Sport-Schwab, eine Rechtsanwaltskanzlei und eine Jobvermittlungsfirma untergebracht.

Entenbühl

Das Entenbühl an der Brückenstraße ist für Mühlhäuser vor allem mit dem VEB Kinderfahrzeuge – im Volksmund Zekiwa – und einem Blick in die Kuttelgasse verbunden. Unvergesslich ist auch der Geruch der Schwemmnotte, die von hier aus unterirdisch

unter der Brückenstraße in Richtung Meißnersgasse weiterfließt. Hinten rechts steht neben dem Fachwerkhaus das ehemalige Gerberinnungshaus Entenbühl 3. Nicht nur durch die auffällige Reklame wurden die Fabrikräume des VEB Kinderfahrzeuge Mühlhausen bekannt. In dem Export-Betrieb arbeiteten bis zu 500 Menschen.

Vorgängerbetriebe waren der VEB Metallwarenwerk und eine Lederfabrik. Becke und Sohn gehörte zu den größten Lederfabriken der Stadt. Noch viel früher war hier die Entenbühl-Mühle der Herren von Bodenstein, die 1914 abgerissen wurde. Das Sparkassengebäude am rechten Bildrand errichtete man in den 1930er-Jahren. Nach der Wende 1989/90 wurde der VEB Kinderfahrzeuge mit der unvergesslichen Leuchtreklame komplett abgerissen. Der heutige Parkplatz Entenbühl befindet sich auf dem ehemaligen Betriebsgelände.

Gerberhaus

Die Kuttelgasse ist untrennbar mit der Zöllnersgasse verbunden. Zu DDR-Zeiten erreichte man von hier aus auch die Kirmesgemeinde „Zöllnersgasse“, die viele Jahre auf einem Parkplatz in der Kuttelgasse feierte. Das ehemalige Gerberinnungshaus am Entenbühl 3 ist rechts zu erkennen. Erworben wurde das aus dem Jahre 1689 stammende Gebäude vermutlich 1744 durch die Gerberfamilie Demme; bereits 1752 wurde es um das zweite Obergeschoss aufgestockt. Eine weitere Aufstockung bis zum First erfolgte 1887. Das teilweise einsturzgefährdete Haus wurde 1999/2000 aufwändig saniert, später auch das kleine Fachwerkhaus an der Ecke der Borngasse. Hier befindet sich die Praxis einer Allgemeinmedizinerin. Zwischen Jüdenstraße und Kuttelgasse wird die Borngasse immer enger; früher wurde sie als Eselsgasse bezeichnet.

Busbahnhof

Der Mühlhäuser Busbahnhof hat sich stets verändert. Zunächst standen die Busse unter freiem Himmel, später kamen große Dächer hinzu. Auf dem 1959 eröffneten Busbahnhof gab es fünf Bahnsteige und seit 1968 ein Haus für Taxifahrer mit Wartehalle und Toilette. Mit diesem zentralen Busbahnhof verschwand der bisherige am Untermarkt, der nur noch als Haltestelle für die Stadtlinien genutzt wurde. Lange Zeit stand die Burg-Brauerei im Hintergrund des Busbahnhofs. Unter dem Dach dieser alten Brauerei hatte die Kirmesgemeinde „Spielmannszug“ viele Jahre die Stadtkirmes gefeiert; nach der Wende wurde die Brauerei fast

komplett abgerissen. Wer früher am Busbahnhof ankam, ging in den „Burgkeller" gegenüber auf ein Feierabend-Bier oder zu „Blättermann" in die Burgstraße. Das Wohn- und Geschäftshaus der Familie Weymar wurde Anfang der 1990er-Jahre abgerissen; dort ist heute der Eingang zur Ende der 1990er-Jahre eröffneten Burggalerie. Das Schauspielhaus verschwand 1957, die „Gaststätte Tannhäuser" in den 1980er-Jahren. Auch die Häuser An der Burg 6–8 wurden abgerissen; dort stehen heute Plattenbauten.

Röblingstraße

Die Röblingstraße ist eine der wichtigsten Zufahrtsstraßen zur Innenstadt; sie hieß lange Zeit Kurze Görmargasse. Vor allem wegen ihres Namensgebers ist sie sehr geschichtsträchtig: Im Haus Nummer 5 wurde Johann August Röbling am 12. Juni 1806 als fünftes Kind eines Tabakhändlers geboren. 1831 wanderte er nach Amerika aus und wurde weltberühmt als Konstrukteur der Brooklyn Bridge. An den Brückenbauer erinnert in Mühlhausen nicht nur

diese Straße, sondern auch der jährliche Röblinglauf und der Name einer Schule. Zu DDR-Zeiten gab es in der Röblingstraße Nr. 15 das „Café Schollmeyer“, ab 1984 einen Intershop mit dem bekannten Kaugummiduft und den Gemüseladen Halbeisen, bevor dieser in die Linsenstraße umzog. Auch der Kurzwarenladen Herting war viele Jahre hier zu finden. Wegen des Hotelneubaus am Untermarkt wurden 1968 auch in der Röblingstraße einige Häuser abgerissen. In der Nummer 2/3 gab es den Spielwarenladen „Bummi“, eine Autosattlerei und eine Fleischerei. Bis heute erhalten sind das Straßenpflaster und einige Geschäfte sowie Büros.

Kornmarkt

Auf dem Kornmarkt steht das Brauhaus „Zum Löwen". Das denkmalgeschützte Gebäude mit den gebogenen Andreaskreuzen am Obergeschoss wurde in den Jahren 1707 bis 1712 auf den alten Grundfesten neu gebaut und war im Besitz verschiedener angesehener Mühlhäuser Familien. Es diente zunächst als Brauhaus und ab 1780 als Apotheke. Der langgestreckte Bau besticht durch die kunstvolle Fassade mit reichem Zierwerk des Apothekerwesens. Zu DDR-Zeiten war hier die „Löwen-Apotheke", das Zentrallager für Apotheken. Zu Beginn der 1990er-Jahre wurde in einer Rekordbauzeit von 150 Arbeitstagen das komplette Gebäude

saniert. Im Vorderhaus wurden zehn Tonnen Stahl verarbeitet. Die Investitionskosten betrugen über drei Millionen DM. 1992 öffneten sich die Tore als Hotel und Restaurant mit Hausbrauerei. Danach ist die Erlebnisgastronomie immer wieder vergrößert worden. Der Biergarten, ein Tanzlokal und ein weiteres Haus an der Felchtaer Straße sind im Lauf der Jahre dazugekommen. Neuerdings gibt es sogar einen Kreisverkehr im Innenhof. Bettina und Jörg Virnich waren die ersten Hotelchefs. Seit 2009 leitet Marco Fongern das Haus am Kornmarkt, das die Mühlhäuser nur „Brauhaus" nennen.

Spiegelsgasse

Die Mühlhäuser Gassen mit ihren hübschen Häuschen haben ein besonderes Flair und erzählen Stadtgeschichte. Anhand der Stadtbrände weiß man genau, wann die zum Teil sehr kleinen Gebäude in den Gassen entstanden sind. Viele von ihnen sind heute kaum wiederzuerkennen. Nach der Wende sind sie mit viel Liebe und natürlich Geld saniert worden. In

der erstmals 1402 erwähnten Spiegelsgasse, deren Namensherkunft nicht eindeutig belegt ist, hat man in den 1990er-Jahren fünf Häuser abgerissen. Auf der rechten Seite zur Herrenstraße sind inzwischen fast alle Häuser saniert und farbig angestrichen. Die meisten Kleinbürgerhäuser wurden um 1700 erbaut und zu Beginn der 1990er-Jahre saniert. Die hellen Fassaden sind bei Sonnenschein ein richtiger Hingucker. Inzwischen gibt es auf der linken Seite auch drei um 2000 gebaute Reihenhäuser mit kleinem Garten dahinter. Das Gartenglück haben auch alle Hausbesitzer der rechten Seite. Nur in Richtung Herrenstraße wird es auf der rechten Seite immer enger – und dort ist auch kein Platz für einen Garten. Die Spiegelsgasse hinterfloss früher ein Teil der Breitsülze in Richtung Wahlstraße. Damit dieser Straßenbach nie in Vergessenheit gerät, gibt es in der Gasse zwei Linien aus hellen Pflastersteinen.

Gartenstraße

Die Gartenstraße zählt zu einem noch zu DDR-Zeiten vollendeten Neubaugebiet. Hier entstanden zu Beginn der 1980er-Jahre in Plattenbauweise dringend benötigte Wohnungen, eine sogenannte Kinderkombination, ein Altenheim und eine Kaufhalle. Zwischen Eisenbahnlinie und Unstrut gelegen, sollte hier noch in den 1960er-Jahren ein Industrie-Neubaugebiet entstehen. Die Sanierung von Wohnraum in der Innenstadt wurde in den

1970er-Jahren komplett vernachlässigt – dafür gab es Planungen für weitere Neubaugebiete, wie ein 20 Hektar großes Areal Am Rieseninger Berg, die man glücklicherweise verwarf. Für das neue Wohngebiet Gartenstraße wurden Kleingärten und einige bebaute Flächen genutzt. Die neun Wohnblöcke standen keine 20 Jahre; dann wurden sie vor allem wegen Leerstandes wieder abgerissen. Den Kindergarten hat ein privater Investor gekauft, um barrierefreie Wohnungen zu schaffen. Hinter dem Kindergarten haben viele Bauherren Eigenheime errichtet. Der Supermarkt entstand um 2008 dort, wo vorher noch ein Wohnblock stand. Mittlerweile sind rechts von der Gartenstraße viele Eigenheime entstanden. Die ehemalige Kinderkombination aus den 1980er-Jahren wird von einem privaten Investor zu einem Wohnpark umgebaut. Hier sollen auf vier Etagen 35 Wohnungen mit einer Größe zwischen 50 und 100 Quadratmetern entstehen. Das Gebäude erhält einen Aufzug und Balkone. Die damals neu gebaute Kaufhalle nutzt ein Gemüsehändler als Produktionsstätte. Das Seniorenheim ist ebenfalls weiter in Betrieb.

Schwanenteich

Das Naherholungsgebiet Schwanenteich ist ein Lieblingsplatz der Mühlhäuser, sei es der Teich selbst, das Freibad, der Spielplatz, der Bootsverleih, das „Terrassen-Café" oder der Weg zum Stadtwald über die Popperöder Quelle. Seit Ende des 19. Jahrhunderts fuhr die

Straßenbahn hierher, ab 1969 verkehrten nur noch Busse. Viele Jahre hieß der Schwanenteich Popperöder Teich. Seinen jetzigen Namen hat er einigen Schwänen zu verdanken, die hier angesiedelt wurden. Das erste Schwanenteich-Restaurant eröffnete 1896. In beiden Weltkriegen diente es als Lazarett und Flüchtlingsheim; später nutzte man es auch für Betriebsfeiern und Großveranstaltungen. Seit den 1950er-Jahren wurde es von der Handelsorganisation HO bewirtschaftet. Bereits 1965 eröffnete das „Terrassen-Café“ und versorgte ab 1967 mit einer Selbstbedienungsreihe über 700 Plätze auf der Terrasse. Die Kulturstätte war lange Zeit der einzige Saal der Stadt, der für Theatergastspiele oder Veranstaltungen wie Jugendweihe oder Konzerte geeignet war. Ab 2010 hat mit Maria Leineweber eine „Wirtin mit Herz“ vor allem Urlaubsfeeling in Thüringens schönsten Biergarten gebracht. Sie bietet nach einer langen Durststrecke ihrer Vorpächter wieder erfolgreich Gastronomie an.

Postplatz

Mühlhausen hatte einst ein Kaiserliches Postamt. Es entstand von 1880 bis 1882 auf dem Gelände des Innungshauses der Fleischer, das dafür extra weichen musste. Das Gebäude steht auf dem Obermarkt, den die Einheimischen auch gern Postplatz nennen. Im ersten Obergeschoss wurde am 1. Juni 1887 die erste Stadtfernsprechanlage mit 27 Anschlüssen in Betrieb genommen. Albin Auleppp, Gebrüder Hecht und Claes & Flentje gehörten damals zu den Glücklichen. 1914 wurde das Amt um die Gebäude Obermarkt 2/3 und Steinweg 92/93 erweitert. Die Post hatte bis dahin schon zahlreiche Domizile im Stadtgebiet: seit 1802 im „Zellaer Klosterhof" in der Holzstraße 1, danach Bei der Marienkirche 5 und 6, dann Erfurter Straße 46, Untermarkt 33 und 37, Thälmannstraße 1, Bahnhofsplatz 3 und in der Forstbergstraße. Ab 1970 gab es das Post- und Fernmeldeamt Mühlhausen. Mit der Wende 1989 wechselten Fernmeldeämter zur Deutschen Telekom und die Postämter zur Deutschen Bundespost – sie gingen getrennte Wege. Die Hauptpost wurde geschlossen und das Gebäude verkauft. Pläne für ein Kaufhaus zerschlugen sich. Die Rentenversicherung und das Bundesamt für Flüchtlinge waren hier zeitweise untergebracht. Bis heute ist der Obermarkt ein wichtiger Treffpunkt für Einheimische und Gäste. Das historische Pflaster passt optisch sehr gut zur historischen Altstadt; gut laufen kann man darauf aber nicht. Viel Platz ist hier für die Mittwochs- und Freitagsmärkte.

Obermarkt

Der Obermarkt ist erstmals 1375 erwähnt worden; er war von 1418 bis 1888 Teilstück des Salzmarkes zwischen Hoyergasse und Grasegasse und hatte schon mehrere Namen: Postplatz (1882–1933/1946), Hitlerplatz (1933–1945) und Karl-Marx-Platz (1946–1990). Die Stadtverordnetenversammlung beschloss im Juni 1990 die Umbenennung in Obermarkt. Zu den markantesten Gebäuden gehört das Postgebäude (hier ganz rechts). Die Häuserfassaden sind nach der Wende farbenfroh erneuert und die Bausubstanz ist saniert worden. Im Obermarkt 16 (linkes Gebäude) war von 1961 bis 1981 das HO-Zoohaus untergebracht. Einige Mühlhäuser können sich noch gut an das Kapuzineräffchen Jimmi erinnern, das liebend gern an den Mänteln der Kundschaft zog und deshalb vom Verkaufsstellenleiter Karl-Heinz Hesse mit nach Hause genommen und später einem Zoo übergeben wurde. Seit der Wende verschwunden ist die große Büste von Karl Marx, der lange Zeit dem Platz auch seinen Namen gab. Die Stadtverordnetenversammlung hatte 1990 beschlossen, den Kopf aus Stein abzubauen. Er befindet sich derzeit im Depot der Mühlhäuser Museen.

15 92

Obermarkt / Ecke Pfortenstraße

In der Mühlhäuser Altstadt gibt es am Obermarkt / Ecke Pfortenstraße einen sehr markanten Punkt. Das um die Wende vom 18. zum 19. Jahrhundert entstandene Gebäudeensemble ist mittlerweile zu einem Hingucker geworden. Vorher war es ein trauriges Zeugnis jahrzehntelangen Leerstands. Die unter Denkmalschutz stehenden Gebäude waren teilweise nur noch

im Rohbau erhalten. Eine Immobiliengesellschaft hat die Häuser erworben und instandsetzen lassen. Die Mühlhäuser Architektin Susanne Kreil-Kremberg hat das Projekt betreut. Mit dem Umbau ab 2009 entstanden zwei Büros im Erdgeschoss sowie zehn Wohnungen unterschiedlicher Größe. Die bestehenden Grundrisse sind dabei größtenteils beibehalten, nur für die Bäder hat man neue Leichtbauwände eingefügt. 2010 wurde das Ensemble mit dem Deutschen Fassadenpreis in der Kategorie „Historische Gebäude und Stilfassaden" ausgezeichnet.

Pfortenstraße

Sehr verändert hat sich auch der Bereich Pfortenstraße. Besonders auffällig ist der Wandel in den Hinterhäusern und Höfen. In der Straße selbst gibt es Kopfsteinpflaster und einen schmalen Fußweg. Haus an Haus reiht sich hier aneinander. Hinter die Häuser kann man nur aus Richtung Regengasse schauen oder wenn man von der historischen Stadtmauer kommt und am Ausgang Regengasse die Häuserzeile vor sich hat. Zum Beispiel das Haus Pforten-

straße 14, das im 20. Jahrhundert viele Jahre dem Landwirt Otto Vogler gehörte. 1943 gab es übrigens noch 56 selbstständige Landwirte in Mühlhausen. In den 1990er-Jahren gehörte das Haus Familie Thon, die es später an André Jakobi aus Struth verkaufte. Der hat den hinteren Teil des Gebäudekomplexes abgerissen und einen Anbau mit sechs Wohnungen geschaffen, dazu Stellplätze und Balkone mit traumhaftem Blick zur Marienkirche. Auch die Häuser Nummer 11, 13, 15 und 16 sind erneuert worden. Aus Richtung Spielplatz Regengasse ist die Pfortenstraße mittlerweile nicht wiederzuerkennen. Das gilt auch für den Bereich Bei der Marienkirche, der sich im rechten Winkel zur Pfortenstraße befindet. Auch diese Häuserzeile ist fast komplett saniert.

Allerheiligengasse

Die Allerheiligengasse war lange Zeit nach 1989 noch eine richtige Gasse. Aus Richtung Görmarstraße sah man oben die Allerheiligenkirche und rechts und links Häuser mit bis zu vier Stockwerken. Früher gab es in der Gasse eine Annahmestelle für Kaninchenfelle; mehrere Firmen hatten hier ihre Lager, darüber befanden sich Wohnungen. Die Häuser hinter der Kirche sind verschwunden und teilweise Neubauten gewichen. Weil es hier eine Vielzahl ungenutzter Grundstücke gab und zahlreiche nicht sanierungsfähige Häuser abgerissen wurden, entstand eine zusammenhängende innerstädtische Brachfläche. Bei der umgebenden Bebauung handelt es sich vorrangig um eine zweigeschossige Wohnbebauung mit Satteldächern. Einige Flächen gehören der Stadt; in Teilbereichen mussten Flächen aufgekauft werden. 2.200 Quadratmeter sollten für Wohnungsbau

genutzt werden. Im Jahr 1998 wurde der Bebauungsplan für den Bereich Meißnersgasse/Allerheiligengasse rechtskräftig. Zehn Jahre später gab es einen städtebaulichen Ideenwettbewerb: 2008 hat die Stadt den Wettbewerb „Genial zentral" für dieses Areal ausgeschrieben. Im November 2015 wurde das erste städtische Grundstück an einen Investor verkauft. Dieser hat hier ein Mehrfamilienwohnhaus mit acht barrierefreien Eigentumswohnungen errichtet, außerdem entstand ein Einfamilienwohnhaus neu.

Bachplatz

Im barocken Pfarrhaus am Bachplatz wohnten einst Pfarrer, Superintendent und Küster nebeneinander. Die Familie des Nordhäuser Superintendenten Andreas Schwarze hat bis zu ihrem Wechsel in den Südharz neun Jahre hier gelebt. Kathrin Schwarz schwärmt noch heute über die besondere Atmosphäre. „Wir haben es mit Leben und Engagement so richtig als Geschenk annehmen können", sagt sie. Das Haus teilten sie sich ab 2005 mit der Floristik-Werkstatt der Diakonie Mittelpunkt, den schönen Garten mit der Nachbarsfamilie. Bereits vorher hatten die Werkstätten für Behinderte einen Raum als Verkaufsraum genutzt. Seit 1822 ist das Wohngebäude mit Hofraum und Hausgarten nebst abgesonderter Waschküche mit Holzstall Eigentum der Stadtgemeinde. 1955 erhob die Stadt von beiden Pfarrern sogar Miete, später wurden Grundstücke getauscht: Das Divi-Blasii-Gemeindehaus ging an die

Stadt, dafür bekam die Kirche das Grundstück Bachplatz 5. Hier lebte viele Jahre Pfarrer Hans Falckner (1894–1983), ab 1999 Superintendent Andreas Piontek mit seiner Familie, 2009 zog Familie Schwarze ein. Das Haus wurde saniert und erstrahlte in englischem Rot. In das Erdgeschoss zog zunächst das Gemeindebüro des evangelischen Kirchspiels ein. Der Bachplatz trägt seinen Namen wegen des berühmten Komponisten Johann Sebastian Bach, der in Mühlhausen 1707/1708 als 22-jähriger Organist in der Divi-Blasii-Kirche seinen Dienst verrichtete. Er schreib in dieser Zeit auch die bedeutsamen Ratswechselkantaten. Wegen Bach wird die Kirche auch Bachkirche genannt; der Bachplatz befindet sich zwischen Kirche und rotem Pfarrhaus.

Blobach

Der Blobach ist ein Lieblingsplatz der Mühlhäuser. Kindheitserinnerungen an Rummel und Kugeleis bei Bäcker Kaufmann oder Süßigkeiten bei Otto Goletz werden wach. Der Blobach war die Heimat von Thomas Müntzer – er „steht hier" seit 1957; hier fließt auch der Breitsülzenbach entlang. Der kleine und der große Blobach sind zwei Mal im Jahr Festplatz, und zwar für das Frühlingsfest und die Stadtkirmes. Auch die Höhenfeuerwerke werden von hier aus in den Himmel geschickt. Die Mühlhäuser Gecko-Straßenbahn hat, wie früher auch die Straßenbahn, ebenfalls an diesem Ort eine Heimat gefunden. Es war die Oberstadt-Linie, die den Blobach in Richtung Äußeres Frauentor überquerte und dann über die MV-Allee zum Schwanenteich fuhr. Natürlich gab es eine Mühle, die sogenannte Blobachsmühle. Rummel findet seit mehr als 100 Jahren statt. Hier standen schon Zirkuszelte, Eisbahnen und Weih-

nachtsmärkte, nicht zu vergessen die alte Reithalle, das Gasthaus „Drei Rosen" und der Kiosk an der Feuerwehr. Natürlich wurde der Blobach immer wieder als Parkplatz genutzt, auch als Exerzierplatz für den Zapfenstreich. Hier nahm 2012 die Bundeswehr für immer Abschied von der Garnisonsstadt Mühlhausen. Der Gärtnermarkt im Mai hat mittlerweile Tradition. Der kleine und der große Blobach sind nunmehr durch den inzwischen fünften Kreisel im Mühlhäuser Stadtgebiet verbunden. Mit dem Kreisverkehr sollen die Staus verschwinden. Außerdem wird die Zufahrt übers Innere Frauentor zur Innenstadt aus allen Richtungen möglich.

Görmarstraße

Dieses Gebäude in der Görmarstraße 1 ist bei den Stadtbränden von 1689 und 1707 abgebrannt und 1707 wieder neu erbaut worden. Im 19. Jahrhundert gab es hier eine Gerberei, später eine Garnhandlung und eine Bank. Zu Beginn des 20. Jahrhunderts zog eine Drogen- und Chemikalienhandlung ein. Es folgte 1907 eine Steindruckerei, 1949 übernahm der Zeitungsverlag „Thüringer Volk“ das Haus. 1990 kaufte Andreas Schröter mit seiner Maschi-

nen- und Elektrobaufirma das Grundstück, das ab 1991 auch Redaktionssitz für die „Hessisch-Niedersächsische Allgemeine“ war, die mit ihrer Mühlhäuser Lokalausgabe in den oberen Räumen produziert wurde. Im Haus befanden sich auch eine private Schlosserei und Privatwohnungen. Bis 1996 erschien hier täglich eine Zeitung, da die HNA auch eine Sonntagsausgabe hatte. Die Redaktion hatte drei Räume plus Fotolabor. Insgesamt 14 Mitarbeiter waren in Mühlhausen tätig; die Geschäftsstelle mit Vertrieb hatte ihren Sitz in der Röblingstraße. Anfänglich gab es in der Görmarstraße nur einen Telefonanschluss. Die Zeitung wurde mit Kurier nach Kassel gebracht. Nach der letzten Ausgabe im Frühjahr 1996 zog sich die HNA aus Mühlhausen zurück. Die TLZ übernahm die Redaktionsräume nur kurz und zog dann in die Herrenstraße um. Das Gebäude ist mittlerweile kaum wiederzuerkennen. Der neue Besitzer hat hier Wohn- und Geschäftsräume eingerichtet.

Lentzeplatz

Die beiden Gebäude in der Wanfrieder Straße 1 und 2 wurden im Jahr 2000 abgerissen. Das linke Gebäude des IFA-Vertriebes haben viele Mühlhäuser noch gut in Erinnerung. Hier konnten sie ihre Bestellung für ein neues Auto aufgegeben; einige haben es aber nie bekommen, denn die Lieferzeiten für DDR-Autos waren gefühlt unendlich lang, auf jeden Fall betrugen sie im Schnitt mehrere Jahre. Dieses und das Gebäude nebenan waren baufällig, beide wurden abgerissen. Dadurch konnte die Stadtmauer an dieser Stelle um 24 Meter

verlängert werden. Die neue Mauer sorgt zwar für einen Lückenschluss, ist aber nicht so hoch wie die eigentliche Stadtmauer. Dass es an dieser Stelle zuvor keine Mauer gegeben hatte, lag an dem Privileg der Grundstückseigentümer, ein Gebäude anstelle einer Mauer errichten zu dürfen. Heute gibt es am Lentzeplatz einen Parkplatz und eine Streuobstwiese mit tollem Blick auf die Jakobikirche.

Klosterstraße

Die Klosterstraße hat immer mal wieder ihre Fahrtrichtung geändert und ist später zu einer wichtigen Trasse geworden, um aus der Innenstadt herauszukommen. Ihr Name erinnert an das einstige Brückenkloster nebenan. Bis in die 1890er-Jahre floss ein Arm der Breitsülze aus Richtung Wahlstraße kommend zur Kloster- und Görmarstraße weiter. Zu DDR-Zeiten gab es verschiedene Geschäfte in der Klosterstraße. In der Nummer 8 zum Beispiel kaufte man leckeren Fisch bei Familie Queck. Makrele und Bücklinge waren zumeist im Angebot; Aal dagegen war Bückware. Kinder drückten sich an der Scheibe die Nase platt, weil es dahinter ein Becken für Frischfisch gab. Der Heringssalat für Silvester war so gut, dass er vorbestellt werden musste. In der Nummer 3 gab es mal einen Instrumentenbauer: Oskar Adler reparierte auch Musikinstrumente. Aktuell existieren in der Straße immer noch einige Geschäfte: Blumen, Änderungsschneiderei und Handarbeit. Seit 2014 hat hier Kathrin Kremser ihren Blumen- und Deko-Laden „Florales“; im gleichen Haus sind in diesem Jahr zwei Ferienwohnungen entstanden. Außerdem hat gegenüber die Firma Matthäus (Heizung/Sanitär) ihren Sitz. Daneben gibt es das Geschäft „Nadel & Faden“ von Gisela Nagler, den Hausmeisterservice Herkt sowie den Wolle-Laden an der Ecke Brückenstraße.

Straßenkirmes

Noch in den 1950er- und 1960er-Jahren hieß es „Stühle und Tische auf die Straße". Statt Kirmeszelten gab es vielerorts die Tafeln im Freien. Die Straßenkirmes wurde überall gefeiert, wo Platz für Tisch und Stühle war. Damals schossen die Kirmesgemeinden wie Pilze aus der Erde: Weg zum Eigenheim (1954), Untere Windeberger Straße (1957), Feierabend (1948), Mittlere Wanfrieder Straße (1948) entstanden neu. Gefeiert wurde aber auch in der Güldenen Ecke, Querstraße, Sackgasse, Herrenstraße, im Jakobiviertel und in der Holzstraße (Foto). Das Fest verlagerte sich in viele Stadtviertel und Straßenzüge. Wochen vor der Kirmes erklangen allerorts Lieder, Kirmestänze wurden zelebriert. Kinder und Jugendliche waren mit der Fertigung von Kirmesketten aus Tapetenresten beschäftigt. Am Samstag gingen die Männer in den Wald, um die Kirmesbäume zu schlagen und um sie dann an den Ort des Geschehens zu schaffen. Es folgte die Ausschmückung von Baum und Straße. Die Frauen sorgten indes für das leibliche Wohl. An den langen Kaffeetafeln in den verschiedenen Straßenzügen wurde Kuchen gereicht. Nach den Kaffeetafeln folgten die Kirmeskreise und Kirmeslieder

der Kinder. Am Abend gehörte die Straße den Erwachsenen, die wiederum mit Liedern und Tänzen dem Kirmesvergnügen frönten. Auch in Tanzlokalen und Gasthäusern fanden die Feiern vom Nachmittag eine Fortsetzung. Nach wenigen Stunden Schlaf ertönte der Lärm der gemeindeeigenen Trommlerkorps in der Morgendämmerung. Der große Festumzug begann von jeher am Kirmessonntag um 11 Uhr. Nachmittags warteten auf die Kinder kleine Geschenke beim Hahnenschlag. Tradition war und ist der Besuch der Schausteller am Blobach, die mit Fahrgeschäften und Schießbuden das Fest bereichern. Vor den abendlichen Feiern stand und steht der Lampionumzug als weiterer Höhepunkt.

Jakobiviertel

Das Jakobiviertel war lange Zeit ein eigenständiges Viertel, ehe es mit der Altstadt zusammenwuchs. Spätestens Ende der 1970er-Jahre stand fest, dass es komplett sanierungsbedürftig war. Als „verschlissen, wertlos und unbrauchbar" wurde die Bausubstanz bezeichnet. Zerbrochene Fensterscheiben, vernagelte Fenster und Türen sowie abgebrochene Dachpartien waren die auffälligsten Merkmale des Verfalls der heruntergewirtschafteten Häuser, die überwiegend eine rote Hausnummer trugen. Sie standen eigentlich unter Denkmalschutz. Bis 1988 gab es nur Abriss – saniert wurde keines der Häuser. Stattdessen wurden hier vierstöckige Plattenbauten mit angeschrägten Flachdächern errichtet. Erhalten blieb die Enge des Jakobistieges. Die Wende 1989/90 hat einige der denkmalgeschützten Häuser vor dem Abriss bewahrt.

Mühlhausen hatte im Sommer 1990 eine Abrisstopp für die Innenstadt festgelegt. Das hat sich auch auf das Jakobiviertel ausgewirkt. Gerettet wurde auch das denkmalgeschützte Haus Nr. 22. Das Vordergebäude in St. Jakobi 22 stammt aus dem 17. Jahrhundert; seit 1761 bestand hier Braurecht. Das Torhaus liegt auf einem hohen Außensockel und besteht vollständig aus Fachwerk. Bei der Sanierung konnte die Balkenköpfe, Schwell- und Füllhölzer als typische Gestaltungsmerkmale erhalten werden. Das verdeckte Steinhaus wurde im Jahre 1999/2000 saniert, ein Geschoss aufgestockt und mit einem steilen Satteldach versehen. Die ehemalige Kemenate oder Rüstkammer war Teil eines mittelalterlichen Wohnsitzes.Die Sanierung ist preisgekrönt. Im Wettbewerb „Neues Wohnen in alten Wänden“ erhielt die Bauhütte einen Preis.

Feldmühle

Mühlhausen hatte einst 28 Mühlen, die vom Wasser der Unstrut, der Breitsülze und des Popperöder Bachs angetrieben wurden. Die vielen Wassermühlen haben der Stadt nicht nur ihren Namen gegeben, sie brachten ihr seit dem 13. Jahrhundert auch viel Reichtum. Bis heute sind nur noch Gebäude und Technik erhalten, eine wirklich funktionierende Mühle gibt es schon lange nicht mehr. Die Feldmühle in der Feldstraße 125, die fast 600 Jahre lang vom Wasser eines Mühlgrabens der Unstrut angetrieben wurde, ist 1997 abgerissen worden. Die 1379 erstmals erwähnte Getreide-, Loh-, Öl- und Walkmühle ist im 20. Jahrhundert als

Spinnerei und Lager genutzt worden. Mittlerweile steht dort ein Wohn- und Geschäftshaus. Namen wie beispielsweise Antoniusmühle, Kreuzmühle oder Rote Löwenmühle erinnern an den einstigen Mühlenreichtum. Einzig die Klingenmühle in der Friedrich-Engels-Straße versucht mit einem Verein, das Thema wachzuhalten. Bis 2025 soll das Areal gegenüber sein Aussehen komplett verändern. Die Stadt will dieses Tor zur Innenstadt vollkommen umgestalten: Mehr Parkplätze, neue Rad- und Fußwege sollen entstehen und vor allem der Platz zwischen Wohnblock und Supermarkt soll eine Aufwertung erfahren.

Frauentor

Die politische Wende brachte auch die Rettung für die Mühlhäuser Baudenkmäler. Im Juni 1990 wurde ein Abrisstopp in der historischen Altstadt festgelegt. Damit sollte dieses einzigartige Flächendenkmal deutschen Städtebaus erhalten werden. Der Komplettabriss im Jakobiviertel ab 1988 und beispielsweise der Meißnermühle im Sommer 1989 sind nur zwei Fälle, denen keine weiteren folgen durften. Das aufgestellte Notprogramm galt vernach-

lässigter Bausubstanz zum Beispiel am Obermarkt, Frauentor oder in der Pfortenstraße. Ab August 1991 war Mühlhausen in ein Förderprogramm aufgenommen worden; ein 49 Hektar großes Gelände mit 2.000 Gebäuden wurde als Sanierungsgebiet ausgewiesen. 1991/92 waren gleich drei Kirchtürme eingerüstet. So viele Kräne auf einmal hatten die Mühlhäuser in den 40 Jahren davor nicht gesehen. Bis 1993 wurden in der Stadt 86 Privathäuser vor dem Verfall bewahrt. Dazu zählen einige Häuser am Frauentor, in der Spiegelsgasse, am Steinweg und im Jakobiviertel. Stadtdenkmalpfleger Ulrich Pohlmann gelang es, Hausbesitzer zum Freilegen von verputztem Fachwerk zu bewegen. Das Frauentor hat seine Bezeichnung vom Tore „Unserer lieben Frauen"; es ist das einzige noch erhaltene von ursprünglich sieben Stadttoren.

Burgmühle

Die Getreidemühle An der Burg 1 hat ihren Namen ihrem Standort zu verdanken: Burgmühle. In den 1980er-Jahren wurde sie nach fast 600-jähriger Existenz zusammen mit dem „Tannhäuser“ nebenan abgerissen, die Fachwerkgebäude waren marode. Es entstand hier ein neues Verwaltungs- und Technikgebäude für das Post- und Fernmeldeamt Mühlhausen. Erhalten blieb von dem gesamten alten Gebäudeensemble, das nicht unter Denkmalschutz stand, letztlich nur das 1901 erbaute Wohnhaus der Burgmühle aus rotem Backstein. Es wurde

innen sehr aufwendig renoviert und mit Wandmalereien verziert, die an die alte Burgmühle erinnern. Auch die Holztreppe wurde aufgearbeitet und die Gasbeleuchtungskörper am Treppengeländer erhalten. 1992 war zuerst das linke Gebäude mit digitaler Technik fertig; bis 1994 wurde der Verbindungsbau als Mehrzweckgebäude mit Schaltstelle, Kundenbereich und Lagerbereichen fertiggestellt. Im Technikneubau fand das einzigartige Mühlhäuser Fernmeldemuseum einen hoffentlich dauerhaften Platz.

Villa Claes

Ernst Bernhard Claes (1839–1909) war gelernter Maschinenschlosser und gründete 1869 die Maschinenfabrik Claes & Flentje, für die er 1870 ein großes Grundstück in der Martin-Vorstadt erwarb. Hier ließ er eine große Maschinenfabrik bauen, in der Strick- und Schuhmacher-Nähmaschinen hergestellt wurden. Um 1910 hatte der Betrieb mehr als 1.000 Beschäftigte, die auch Fahrräder der Marke „Pfeil“ herstellten. Zu DDR-Zeiten wurde die Nähmaschinenfabrik zunächst mit staatlicher Beteiligung geführt, ab 1972 komplett

verstaatlicht. Die 1991 versuchte Reprivatisierung gelang nicht. Am Kiliansgraben gab es ab 1893 die später sogenannte Claes'sche Villa, die 1909 von der Witwe Dorothea Claes an die vier Töchter überschrieben und 1931 an Erich Eckmann verkauft wurde. Der flüchtete 1934, das Haus wurde Reichseigentum. 1945 bis 1991 befand sich darin ein Kindergarten. 1992 erhielten Eckmanns Töchter die Villa zurück und verkauften sie, danach stand sie einige Jahre leer. Erst seit 2015 ist sie nach aufwändiger Sanierung wieder bewohnt.

Wanfrieder Straße

Das Jakobiviertel hat sich wie alle Stadtviertel sehr gewandelt. Neue Fassaden lösten marode Hauswände ab. Auch die Wanfrieder Straße bis zur Kreuzung Bastmarkt ist nicht wiederzuerkennen. Hier sind einige Häuser vor dem Verfall gerettet worden. Künstler hatten sich im Eulenhaus niedergelassen, auch ein Zahnarzt versuchte sein Glück in einem der kleinen Häuschen. Inzwischen wohnen hier auch wieder Familien. Die Wanfrieder Straße ist an dieser Stelle eine halbe Einbahnstraße. Wer ins Jakobiviertel will, kann aber bis zum Lentzeplatz oder über die Wahlstraße fahren.

omputer
ERNST

OPPNER

Jüdenstraße Nr. 32

Eckgeschäfte haben immer einen besonderen Charme, auch das in der Linsenstraße / Ecke Jüdenstraße 32. Das Haus ist in Privatbesitz der Familie Manthei und hat sich in den letzten Jahrzehnten deutlich verändert. Die HO-Drogerie aus DDR-Zeiten wurde von einem Fachgeschäft für Gardinen, Wäsche und Heimtextilien abgelöst. Nach der Geschäftsaufgabe gab es hier Brautmoden zu kaufen. Im linken Gebäudeteil gibt es seit 20 Jahren einen Second-Hand-Laden für Kindersachen. 2019 hat Gründerin Silke Schneller das „Spatzennest“ an Marlen Nowitzki-Herz übergeben. Beide Frauen wollten mit 52 Jahren noch einmal was Neues machen. Die neue Ladenbesitzerin war bisher Stammkundin. Die vielen weiteren Stammkunden hoffen, dass die sehr aktuelle Idee des Ladens noch viele Jahre erhalten bleibt.

Webergasse

Die Webergasse hat sich in den letzten Jahrzehnten stark verändert. Einige Gebäude und Garagen verschwanden, andere wurden durch Sanierung vorm Verfall gerettet. Private Investoren haben allein oder gemeinsam mit der Stadt attraktiven Wohnraum im Stadtzentrum geschaffen. Die um 1400 erstmals erwähnte Webergasse hat ihren Namen von den vielen in der Stadt tätigen Webern. Vor kurzem hat ein privater Investor ein historisches Gebäude-

ensemble gerettet. Auf dem Areal in der Erfurter Straße / Webergasse sind drei ehemalige Wohn- und Werkstattgebäude umfassend saniert und durch einen Neubau erweitert worden. Investor David Hagedorn hat nach eigenen Angaben fast drei Millionen Euro investiert. Die Stadt hatte zuvor das Gelände für rund eine Million Euro erschlossen und für einen Investor vorbereitet. Das Interesse an solchen innerstädtischen Wohnungen ist groß, erst recht, wenn sie auch barrierefrei sind und einen Stellplatz oder eine Garage im Hof haben.

Kugelleichsmühle

Unter den 28 Mühlen der Stadt hat die Kugelleichsmühle wohl den kompliziertesten Namen. Die einstige Getreidemühle Hinterm neuen Brunnen stand viele Jahre leer, nun ist sie aufwändig in Wohn- und Geschäftsräume umgebaut worden. Wäre Mühlhausen Gastgeberin der Landesgartenschau 2024 geworden, hätte diese Mühle eine wichtige Rolle bei der Umsetzung des Themas „Wasser, Mühlen, Mythen. Von der Quelle bis zur Mündung" gespielt. Das Wasser des Popperöder Baches fließt weiter hier entlang. 1889 gab es an dieser

Stelle eine Garnspinnerei; 1906 brannten Teile des Gebäudes ab, die 1907 wieder aufgebaut wurden. Das Wasserrad verschwand 1921, seitdem fließt der Popperöder Bach ungehindert in die Innenstadt, wo er dann Schwemmnotte genannt wird. Die Geschichte der Kugelleichsmühle mit wechselnden Eigentümern, verschiedenen Nutzungen und traditioneller Mühlentechnik endete 1921 mit dem Ersatz des Wasserrades durch eine Turbine zur Stromerzeugung. Der langjährige Leerstand der Mühle mit einem zuletzt besorgniserregenden Bauzustand wird mit der Neunutzung als Wohn- und Geschäftshaus der Vergangenheit angehören. Die Sanierung erfolgt in traditioneller Materialverwendung unter Einsatz von Naturbaustoffen. Guido Eckhardt hat das Haus vor einigen Jahren gekauft, umgebaut und vor dem Verfall gerettet. Nach dem Abriss der Nachbargebäude erhält das Mühlenhaus zudem mehr Licht und Aufmerksamkeit.

Brunnenfest

In Mühlhausen gibt es einen jahrhundertealten Brauch. Mit Blumenspenden danken Kinder an Thüringens schönster Quelle für Wassergaben. Das traditionelle Brunnenfest wurde viele Jahre auch an der Breitsülze gefeiert. Fast jeder Mühlhäuser hat sich als Kind oder Jugendlicher zu Fuß auf den Weg zu einer der beiden Quellen gemacht. In weißen Kleidern und Hemden, mit Blumen in der Hand und im Haar, wird das Fest gefeiert. Die Jungen tragen traditionell schwarz-gelbe Schärpen. In den letzten 25 Jahren war stets das Brunnenhaus Popperode das Ziel der Grundschüler. Früher zogen auch ältere Mädchen und Jungen zur Quellfeier los. In den Wochen bis zum Fest haben sie die überlieferten Brunnenfesttänze eingeübt: „Brüderchen, komm tanz mit mir", „Hände in den Stütz". Die Polonaise oder den Bändertanz der Vorfahren haben sie genauso geprobt wie den „Piratentanz", „Rock me" und „Hulapalu".

Die Tänze auf der Wiese gleichen mittlerweile einer sehr emotionalen Tanzshow. Auf dem Fußmarsch haben sie Blumensträuße, Blumenbögen und die alte Schulfahne dabei. Traditionell geht ein Spielmannszug voran. Drei Mühlhäuser Grundschulen richten das Fest derzeit im Wechsel aus, die Nikolaischule, die Margarethenschule und die Martinischule. Während der Grundschulzeit erlebt aus diesen Schulen jedes Mädchen und jeder Junge mindestens einmal dieses außergewöhnliche Schulfest.

Bahnhofsvorplatz

Mit der Eröffnung der Strecke Gotha–Leinefelde im Jahre 1870 erhielt Mühlhausen einen Eisenbahnanschluss und einen Bahnhof. Gleichzeitig begann sich auch das Bahnhofsviertel zu entwickeln. 1897 kam die Kleinbahn nach Ebeleben dazu. Der Mühlhäuser Bahnhof war nun nicht mehr Durchgangsbahnhof, sondern Trennungsbahnhof. Von 1898 bis 1969 fuhr die Straßenbahn vom Bahnhofsvorplatz ab. Später kam die Strecke nach Treffurt dazu. Zu DDR-Zeiten wurden die drei Bahnsteige intensiv genutzt. Vor allem am Morgen und am Nachmittag waren sie von Menschen bevölkert, die auf dem Weg zur und von der Arbeit waren. Schulkinder nutzen ebenfalls die Züge. Vor dem Bahnhof gab es im Kiosk die beste Bockwurst der Stadt. Der verbliebene Güterverkehr in Richtung Treffurt wurde 1969 eingestellt, der nach Ebeleben 1994. Weitere drei Jahre später fuhr die letzte Bahn in Richtung Ebe-

leben. Von da an war der Bahnhof nach 100 Jahren wieder Durchgangsbahnhof. Im Jahr 2000 gab es den Güterbahnhof nicht mehr; danach wurden die bereits stark durch Vandalismus beschädigten Stellwerke abgerissen. Der Bahnhof ist immer noch wichtig für die Stadt. Das Gebäude wird zum 150. Geburtstag saniert und attraktiver gestaltet. Zuletzt war das Bahnhofsgebäude Ende der 1980er-Jahre saniert und renoviert worden; dabei wurden die Fassade am Eingangsgebäude und das Dach am Bahnsteig 1 erneuert. Auf dem Bahnhofsvorplatz wird seit Jahrzehnten schmerzhaft die Straßenbahn vermisst, die von hier aus zum Wald fuhr.

Kreuzmühle

Die Kreuzmühle gehört wie die Burgmühle zu den ältesten Mühlen der Stadt. Ihr Name wird 1436 das erste Mal genannt. 1960 wurde sie vom VEB Kraftfutter- und Mühlenwerke Mühlhausen gepachtet, fünf Monate später brach ein Brand mit einem Schaden von

rund 100.000 DM aus. 1963 wurde die neu aufgebaute Mühle wiedereröffnet, 1972 der Mühlgraben bis zur Unstrut ausgebaut; nach dessen Trockenlegung floss hier die Schwemmnotte entlang. 1989/90 erhielt Thomas Wender, ein Erbe des früheren Eigentümers, das Gebäudeensemble zurück und verkaufte es. Der Betrieb der Mahlmühle wurde 1991 eingestellt; sie ist damit die dienstälteste Mühle der Stadt. Nach Abriss einiger Nebengebäude wurde sie zu einem Wohn- und Geschäftspark umgebaut. Es gab sogar eine Gaststätte mit tollem Blick über Mühlhausen. Die beiden Hauptgebäude in Klinkerbauweise wurden integriert. Die Schwemmnotte fließt durch das Bett des Mühlgrabens.

Brunnenstraße

Die Thüringische Maschinen- und Fahrradfabrik Walter & Co produzierte an der Brunnenstraße unter anderem Motorräder und Fahrräder; aus ihr ging später das Möve-Werk hervor. Mit der Umgestaltung des Martini-Kreuzungsbereiches in den 1990er-Jahren verschwand das marode Gebäude. Das frühere Hotel „Schwarzer Adler" war zwischenzeitlich als

Kantine und Verwaltungsgebäude genutzt worden. 1995 erfolgte der Abriss; später wurde hier das neue Polizeigebäude errichtet, dann noch ein Seniorenheim direkt an der Bundesstraße und ein Seniorenwohnpark nebenan. Die neu gegründete Möve-Fahrzeugsitze GmbH war 1994 ins Gewerbegebiet An der Trift gezogen. Geblieben ist die Martinikirche. Ohne sie kann man sich den früheren Kreuzungsbereich gar nicht vorstellen. Die heutige Jugendkirche St. Martini ist ein religiöser und kultureller Anziehungspunkt für die jungen Leute aus der Region geworden. Die Neubauten auf der linken Seite sind eher das Sinnbild einer Dienstleistungsgesellschaft, in der produzierende Firmen aus den Stadtzentren verschwinden.

Kiliansgraben

Der Kiliansgraben ist nach dem Wallgraben vor der Stadtmauer benannt, der sich in der Nähe der Kilianikirche befand. Viele Mühlhäuser sagen noch heute „DSF“, gleichbedeutend mit Straße der Deutsch-Sowjetischen Freundschaft (1950–1990). Der Kiliansgraben hat sich immer wieder verändert. Die einst geschlossenen Häuserfronten sind verschwunden. Viele marode Gebäude wurden abgerissen und haben Platz für Parkplätze und Geschäfts-

komplexe gemacht. Es bleiben die Erinnerungen an Schulwege und lange Fußwege nach Feierabend, als unterwegs in einem der kleinen Läden am Straßenrand eingekauft wurde. Durch den Häuserabriss ist das 110 Jahre alte Gebäude der Georgieschule auch von dieser Seite gut sichtbar. Vor allem für die Schüler ist die Dreifelderhalle (verdeckt) am Unstrutufer gebaut worden. Bei Wettkämpfen und zu Trainingszeiten wird die hier am Kiliansgraben entstandene Parkfläche gern genutzt.

Über die Autorin

Claudia Götze, Jahrgang 1965, studierte Journalismus an der Universität Leipzig und ist seit 1998 freiberuflich tätig. Von 1999 bis 2011 war die gebürtige Mühlhäuserin Pressesprecherin bei allen Weltcups und WM in Oberhof. Zahlreiche Bücher zur Regionalgeschichte stammen aus ihrer Feder. Derzeit arbeitet sie als Reporterin für den mdr / Studio Heiligenstadt.

Bildnachweis

Sämtliche Fotos stammen von Helga Wittig, Claudia Götze, Nick Görtler, Hendryk Schulenburg, Siegfried Baumgardt, Dietrich Jäckel, Wolfgang Pilz, Mario Motz, Thomas Kretschmer und Ludwig Pölitz.

Einband vorn: Wanfrieder Straße bis zur Kreuzung Bastmarkt (s. a. S. 100/101).
Vorsatz: Am Inneren Frauentor.
Nachsatz: Wenn die roten und gelben Wimpel hängen, ist die schönste Zeit des Jahres – die Mühlhäuser Stadtkirmes. Die Gecko-Bahn hält dann am Inneren Frauentor, weil auf dem Stammplatz Blobach die Karussells stehen.
Einband hinten: Blick in die Görmarstraße.

Impressum

Sutton Verlag GmbH
Infanteriestraße 11 a
80797 München
www.suttonverlag.de

2. Auflage 2025
ISBN: 978-3-96303-264-6
Druck: Florjančič Tisk d.o.o. / Slowenien
Gestaltung und Herstellung: Sutton Verlag